Christa Spilling-Nöker

Vom Engel, der die Welt verwandeln wollte

Und andere Weihnachtsengel-
geschichten

Christa Spilling-Nöker

Vom Engel, der die Welt verwandeln wollte

Und andere Weihnachtsengelgeschichten

Mit Illustrationen
von Andrea Schraml

HERDER
FREIBURG · BASEL · WIEN

www.herder.de
Gesamtgestaltung und Satz:
Uwe Stohrer, Freiburg
Herstellung: fgb · freiburger graphische Betriebe
www.fgb.de
ISBN 3-451-28178-3

Inhalt

Vorwort 7

Vom Engel, der die Welt verwandeln wollte 9

Der Engel in der Schneekugel 18

Als der Teufel in den Himmel kam 24

Der Engel, der nicht fliegen konnte 34

Der einsame Hirte 40

Als die Engel den Gottesdienst störten 46

Als der Engel verstummte 52

Die Erfindung der Lobzettel 58

Vorwort

Engel sind heutzutage wieder wichtig geworden. Es stellt sich die Frage, wo die Gründe dafür liegen. Ertragen wir nicht mehr die unendlichen Anforderungen und den zunehmenden Druck einer durchrationalisierten globalen Welt, in der wir – je nach unseren Fähigkeiten und der messbaren Qualität und Quantität unserer Leistung – beurteilt werden und entsprechend austauschbar sind? Spüren wir in den Tiefenschichten unserer Seele einen unendlichen Hunger nach einer inneren Erfüllung unseres individuellen Lebens, nach der Akzeptanz unserer ureigenen Persönlichkeit, nach einer Sättigung, die über unser Gehaltskonto nicht zu erreichen ist?

Engel sind Kräfte unserer Seele, durch die unsere innere Zerrissenheit heilen kann. Sie vermögen uns von dem alltäglichen Druck zu befreien und helfen uns, manches in unserem Leben wieder leichter zu nehmen. Sie beflügeln uns dazu, immer wieder das Schöne im Leben zu entdecken und uns daran zu freuen.

Gerade in der Advents- und Weihnachtszeit rücken uns Engel durch Choräle und figürlichen Schmuck besonders ins Bewusstsein. Sie erinnern uns an die biblische Geschichte von der Geburt

Jesu, in der sie die frohe Botschaft von Freude und Frieden für alle Welt verkündigen.

Mögen uns die meditativen Texte und Geschichten in diesem Buch dafür sensibilisieren, die Engel besonders in diesen Wochen, aber zugleich auch darüber hinaus in den Alltäglichkeiten unseres Lebens wahrzunehmen. Mögen wir ihre geheimnisvollen Energien in uns aufspüren, damit wir unsere Wege nach außen und zu uns selbst vertrauensvoll finden und gehen können.

Vom Engel, der die Welt verwandeln wollte

Wieder einmal war es so weit: Das Weihnachtsfest nahte. Während die Menschen diese Wochen hektisch erlebten und nur noch auf ihren Terminkalender und Kontostand blickten, rechneten und zählten, was es noch alles zu tun und zu kaufen gab, wusste man unter den himmlischen Heerscharen mit der Zeit umzugehen: Man vermochte sie mit einem sinnvollen Wechsel von Geschäftigkeit und Ruhe zu füllen, so dass man von einer erfüllten Zeit sprechen konnte. Jeder tat seine Aufgaben nach dem Maß seiner Begabungen und trug so das Seine zum Einklang des himmlischen Wohllebens bei.

Gerade jetzt, in der Vorweihnachtszeit, mussten die Aufgaben neu verteilt werden, denn es war nicht zu übersehen, dass die Menschen besonders in diesen Wochen Hilfe brauchten. Allein brachten sie es nicht mehr so recht zustande, Weihnachten zu feiern, ja, sie taten sich überhaupt schwer mit dem Leben.

Wer aber würde den Menschen helfen – falls ihnen überhaupt noch zu helfen war? Anders als bei der Verkündigung der Geburt in Bethlehem war keiner mehr freiwillig dazu bereit, auf die Erde zu gehen. Immer wieder hatten die, die auf der Erde gewesen waren, Schlimmes von dort erzählt: von Lieblosigkeit, Friedlosigkeit, Unrast und Unzufriedenheit der Menschen. „Merkwürdig ist es mit den Menschen", dachten die Engel. „Gott hat ihnen alle Möglichkeiten gegeben für ein sinnvolles Leben: eine Erde voller Reichtümer und Schönheiten, den Verstand, daraus etwas zu machen, Kräfte, die Schöpfung zu verändern, zu gestalten und immer wieder Neues entstehen und lebendig werden zu lassen. Und dann hat er ihnen vor zweitausend Jahren seine Liebe in dem Kind von Bethlehem offenbart, um ihnen zu zeigen, dass sie alles in Liebe füreinander entfalten sollten und dass sie dann glücklich würden." Aber eben dies schien den Menschen nicht zu gelingen. Man brauchte ihnen nur ins Gesicht zu schauen: Darin war statt Zufriedenheit Zerrissenheit, statt Ruhe Gehetztsein, statt Liebe oft nur Angst oder Aggressivität zu sehen. Ständig waren sie in Bewegung, aber nicht angetrieben, um Schönes zu tun, sondern, so hatte es den Anschein, um vor sich selbst, den eigenen Wünschen und Sehnsüchten, davonzulaufen. Oft verkehrten sie miteinander in oberflächlichen Beziehungen, um den eigenen

Abgründen und der tiefen Begegnung mit anderen zu entfliehen, in denen sie Spuren des göttlichen Geheimnisses hätten finden können, das in der Höhe und in der Tiefe allen Lebens in besonderem Maße glänzt.

„Irgendwie", platzte es schließlich aus einem vorwitzigen Engel heraus, „hast du bei der Erschaffung der Menschen wohl einen Fehler gemacht. Sie haben das Zeug zu einem gelingenden Leben, aber sie machen alles, aber auch alles um sich herum und oft sogar sich selbst kaputt."

„Nun", erwiderte Gott, „wenn du die Probleme der Menschen, die uns schon so lange zu schaffen machen, genau siehst, so will ich dich dieses Jahr als Weihnachtsengel auf die Erde senden. Geh und öffne sie für die Botschaft des Friedens und der Liebe. Erleuchte sie mit der himmlischen Wahrheit, damit sie aus ihren Verkehrtheiten herausfinden zu einem neuen, ganzen Leben. Du sollst nicht ihre Probleme lösen, das müssen sie selbst tun, aber du sollst ihnen helfen, einen Anfang zu machen."

„So war das nicht gemeint", entschuldigte sich der Engel verlegen, denn er wusste auch nicht recht, wie den Menschen zu helfen sei.

„Wenn ich mich recht entsinne, warst du noch nicht auf der Erde", sagte Gott, „so bist du noch unverbraucht von all den bösen Erfahrungen mit den Menschen. Mache dich auf den Weg, denn das Weihnachtsfest steht unmittelbar bevor."

„Also, dann gehe ich", stammelte der Engel, dem vor Schreck alle Vorwitzigkeit vergangen war. Er griff nach dem himmlischen Licht, in der Hoffnung, es könne ihm in der Dunkelheit, die die Menschen umgab, bei der Ausführung seines Auftrags helfen.

Mit diesem himmlischen Licht hatte es eine besondere Bewandtnis: Wenn man es nahm, um es für sich allein schön und hell zu haben, so erlosch es. Es konnte seinen Glanz nur verbreiten, wenn man ständig davon verteilte. Deshalb sind Engel nie von Finsternis umgeben; es ist das gleiche Geheimnis, das das wahre Wesen der Liebe umfasst.

Von diesem Licht wollte er ihnen geben, damit sie sich dem weihnachtlichen Wunder der wahren Menschwerdung öffneten und sich verwandeln ließen von der Kraft der Liebe, die alles zerstörte Leben heilen, Rastlosigkeit zur Ruhe bringen und Frieden schenken kann. Wie aber sollte er das anstellen? Wo konnte er sie erreichen, die jetzt so gar keine Zeit für die Liebe zu sich selbst oder gar für die Liebe zu anderen hatten?

Wie oft sah er, dass sie gerade denen teure Geschenke kauften, denen sie eigentlich sagen wollten, dass sie sie lieb hätten!

Wie oft sah er, dass sie vorgedruckte Karten verschickten, anstatt ein eigenes liebes Wort zu sagen oder zu schreiben! Wie oft kam es vor, dass sie Menschen vergaßen, Besuche unterließen, Begegnungen versäumten, wohl manches Mal auch aus Angst, es könne ihnen daraus für ihr Leben eine Unruhe erwachsen, die sie aus dem Gleichmaß ihrer täglichen Ordnung bringen könnte. Wie viele hatten schon ihre Träume verloren, ihre Sehnsüchte vergessen, ihre Gefühle in Forderungen erstickt – und dadurch die Menschen verloren, die ihrem Leben einst Sinn und Kraft gegeben hatten.

„Sie aus ihren Verkehrtheiten herausholen“, flüsterte der kleine Engel noch einmal seinen Auftrag vor sich hin. Da kam ihm eine Idee. Bei Nacht sank er lautlos auf einem Mondstrahl zur Erde nieder und in die Häuser der Menschen hinein. Er schenkte ihnen frohe Träume und berührte sie leise mit dem himmlischen Licht, so dass sie im Schlaf zu lächeln begannen. „Aber am Morgen“, dachte er, „wenn sie erwachen, führen sie ihre seligen Träume nicht auf die göttlichen Kräfte zurück, und alles wird sein wie zuvor. Ich muss sie in ihrer Alltagswelt erinnern an das, was wirklich wichtig ist, damit sie das Licht, das ich in ihre Träume gesenkt habe, weitergeben und es endlich hell wird auf Gottes kostbarem Planeten.“

Und er verschwand in ihren Büros und löschte mutig ein paar Termine aus ihren Kalendern, so dass Raum wurde für neue Gedanken. „Sei wachsam für das Wunder, das dir täglich begegnen kann", stand da plötzlich, oder: „Versuche herauszufinden, was wirklich für dich wichtig ist, und bemühe dich darum, es so gut es geht zu leben." Oder: „Schaue einmal denen wieder in die Augen und durch die Augen in das Herz, die du lieb hast – und vielleicht traust du dich ja auch, es ihnen zu sagen."

Bei Schülerinnen und Schülern stand schon mal auf dem Stundenplan: „Hilf deiner Klassenkameradin, die so lange gefehlt hat" oder: „Kümmere dich um die Mitschülerinnen und Mitschüler, die aus einem anderen Land kommen und Probleme mit der deutschen Sprache haben." Auf manchem häuslichen Putzplan reduzierte der Engel die Großkampftage vor dem Fest, er schrieb: „Nimm dir Zeit für deine Seele, damit die Menschen nicht nur durch geputzte Fenster in dein Haus, sondern auch durch deine Augen in dich selbst hineinschauen und dir so neu begegnen können."

Auch an die Einsamen dachte er, an die, die meinten, zu nichts mehr nütze zu sein. Ihnen schrieb er mitten ins Herz, dass zwei Häuser weiter ein Kranker allein sei, im gleichen Haus eine Mutter mit drei kleinen Kindern jemanden bräuchte, der gelegentlich auf die Kleinen aufpasst – und ein alter Schulfreund nun auch in die Stadt gezogen sei.

Die Traurigen, die sich ganz in sich selbst zurückgezogen hatten, brachte er in Verbindung mit den Quellen des göttlichen Lichts, die in der Tiefe eines jeden Menschen verborgen sind, damit ihnen in aller Stille von innen her allmählich Trost zuwuchs.

Er öffnete die Herzen der Übersättigten, von ihrer Fülle den Hungernden in der Welt abzugeben. Den Armen wiederum träumte, dass die Reichen voller Freude die Güter der Erde, die allen gleichermaßen gehören, mit ihnen teilten, so dass sie wieder Mut und Hoffnung schöpften für den kommenden Tag.

Denen, die ihre Lebendigkeit in lauter Versagensangst, in übertriebenem Pflichteifer oder in Minderwertigkeitsgefühlen begruben, lenkte er den Blick auf das Kind in der Krippe, das sagen will: Gott wird ganz Mensch, mit allen Schwächen, Mängeln und Hilflosigkeiten. Deshalb brauchst du dich nicht ständig krampfhaft zu bemühen, um vor den Menschen gut zu sein und alles richtig zu machen. Denn vor Gott bist du, unabhängig von dem, was du leistest, etwas wert. Du bist richtig, so wie du bist.

„Wenn sie doch spüren würden“, dachte er, „dass sie in ihrer Mitte ein Engel berührt, der sie dazu beleben und bewegen will, dass ihr Leben heller, weiter, tiefer und dadurch auch leichter werden kann.“

Und eifrig machte er sich wieder an die Arbeit. Die ganze Nacht hatte er alle Hände voll zu tun. Als er beim ersten schwachen Lichtstrahl der Morgenröte aus der Stadt heraustrat, hatte ein Hauch von Raureif Feld und Wald wundersam bedeckt.

„Wie sich über Nacht doch alles verwandeln kann in Gottes Welt“, dachte er tief berührt. „Wenn doch auch mein Werk die Herzen der Menschen so verwandeln könnte, dass ihr Leben liebevoller, zärtlicher, heilvoller und friedlicher wird.“

„Einen Anfang sollte ich machen“, flüsterte er noch einmal leise vor sich hin. „Ob sie wohl etwas daraus machen, die Menschen?!“

Wenn die Engel
das himmlische Licht
auf der Erde verteilen
und die müden Seelen
erleuchtet werden,
dann verlieren sich
Hektik und Angst.
Das Engelhafte kann
endlich lebbar werden:
die Liebe von einem
zum anderen,
die Wandlung im Geiste
vom Ich zum Du.

Der Engel in der Schneekugel

Es war kurz vor Weihnachten, als ich, ungefähr fünf Jahre alt, die Masern bekam. Der Arzt verschrieb mir Medikamente und Wadenwickel gegen das hohe Fieber. Ich hasste diese nassen Tücher an meinen Beinen, die mich schlichtweg zur Unbeweglichkeit verurteilten. Meine Eltern setzten sich oft an mein Bett und lasen mir ein Buch nach dem anderen vor. Als meine Mutter wieder bei mir war, unterbrach ich sie an der spannendsten Stelle der Geschichte und fragte, ob ich denn zu Weihnachten wieder gesund sein würde. Sie machte ein besorgtes Gesicht und schüttelte nachdenklich den Kopf. Dann las sie die Geschichte zu Ende und meinte, ich solle nun schlafen. Aber ich hatte ihr gar nicht mehr zuhören können. In meinen kindlichen Ängsten und Fieberfantasien malte ich mir aus, wie ich dieses Weihnachtsfest mit Wadenwickeln im Bett verbringen würde. Der Tannenbaum würde im Wohnzimmer geschmückt, die

Eltern und Geschwister würden dort sitzen und Lieder singen und Marzipankartoffeln essen. Ich aber würde einsam und verlassen in meinem Kinderzimmer liegen und von all der Pracht, auf die ich mich schon seit Wochen gefreut hatte, nichts mitbekommen. Wahrscheinlich würde mich auch der Weihnachtsmann vergessen, wenn ich nicht im Wohnzimmer saß und mein sorgsam gelerntes Gedicht vor ihm aufsagen konnte.

Kaum hatte meine Mutter die Tür zugezogen, begann ich furchtbar zu weinen. Das Kopfkissen war schon ganz feucht, als ich mit einem Mal innehielt, meine Taschenlampe aus der Nachttischschublade kramte und, in der Hoffnung, dass meine Eltern nichts merken würden, auf dem Nachtschrank umherleuchtete. Ich entdeckte die Schneekugel schnell und steckte sie geschwind unter meine Bettdecke, wo auch die Taschenlampe verschwand. Meine Mutter hatte mir diese Schneekugel im Sommer von einer Geschäftsreise aus Tirol mitgebracht. In ihr stand ein goldener Engel mit ausgebreiteten Flügeln, den man, wenn man die Kugel drehte, im Schnee versinken lassen konnte. „Das ist nun dein Schutzengel, der wird immer gut auf dich aufpassen, damit dir nichts Schlimmes passiert“, hatte sie lächelnd gemeint, als sie mir die Kugel ans Bett stellte. Anfänglich war ich unermüdlich damit beschäftigt gewesen, den armen

Engel im Schneegestöber verschwinden zu lassen, aber irgendwann war der Reiz des Neuen verflogen und ich schenkte ihm keine Beachtung mehr.

Jetzt aber war ich ganz aufgeregt. Vielleicht hatte er es mir übel genommen, dass ich ihn vernachlässigt hatte, und deshalb keine Lust mehr gehabt, auf mich und meine Gesundheit zu achten? Ich hielt die Kugel mit beiden Händen fest umschlossen und entschuldigte mich aus tiefster Inbrunst meines Kinderherzens bei meinem Beschützer. Sicherheitshalber grub ich ihn wieder unter der Bettdecke hervor und schüttelte die Kugel heftig, damit der Engel auch wirklich spürte, dass ich ihn jetzt unbedingt brauchte.

Doch dann geschah das Entsetzliche: Die Kugel entglitt meinen schweißnassen Händen, fiel auf den Boden und zerbrach. Jetzt gab es nichts mehr, was mich hätte trösten können. Die Tränen liefen nur so über mein heißes, fiebriges Gesicht, als ich plötzlich eine himmlische Stimme vernahm: „Warum weinst du, Tobias?“ Ich war wie gelähmt vor Schreck. Wer war da im Zimmer? Das war nicht die Stimme meiner Mutter. Ich riss die Augen weit auf und kam aus dem Staunen nicht mehr heraus. Vor mir stand der goldene Engel aus der Glaskugel, aber er war zu nahezu menschlicher Größe herangewachsen. „Ich habe die Masern“, antwortete ich, „und deshalb fällt Weihnachten in diesem Jahr für mich aus.“ Wieder begannen die Tränen zu fließen. Mit einem Mal fühlte ich einen wohltuenden kühlen Windhauch über meinem Gesicht. Der Engel hatte mich mit einem seiner großen goldenen Flügel gestreichelt und dabei auch meine Tränen getrocknet. „Vertrau mir“, hörte ich wieder diese zarte Stimme, „ich bin doch dein Schutzengel.“ „Aber ich habe dich vernachlässigt und dich nicht mehr mit Schnee bepudert“, begann ich erneut zu weinen. „Ein wenig Ruhe hat mir ganz gut getan“, lächelte er. „Aber ich habe dich keinen Augenblick lang vergessen oder verlassen. Ein Schutzengel ist immer im Dienst.“ „Und warum bin ich dann jetzt krank?“, fragte ich kläglich. „Schlaf jetzt, Tobias, morgen wird alles besser sein.“ Mit diesen Worten verschwand er, und ich versank in wohligen Träumen.

Als ich am anderen Morgen erwachte und die Mutter mir Kakao und frische Marmeladenbrötchen ans Bett brachte, verspürte ich das erste Mal seit einer Woche einen unbändigen Appetit. Ich verspeiste alles bis zum letzten Krümel. Dann wollte ich aufstehen, doch meine Mutter hielt mich zurück. „Du musst im Bett bleiben, du hast Fieber“, meinte sie. „Glaub’ ich nicht“, erwiderte ich trotzig. Das Fieberthermometer gab mir Recht. Ich war über Nacht wieder gesund geworden. Ein wenig schwach war ich natürlich noch auf meinen kleinen

Beinen, und so legte ich mich sogar freiwillig zum Mittagsschlaf wieder ins Bett. Eines aber stand jetzt für mich fest: Übermorgen, am Heiligen Abend, würde ich mit der ganzen Familie im Wohnzimmer Weihnachten feiern, mit einem leuchtenden Tannenbaum, mit Marzipankartoffeln und Geschenken.

Was ich allerdings nie verstanden habe, war, dass der Engel am Morgen meiner Genesung wieder in seiner Schneekugel stand, als wäre nichts gewesen in dieser wundersamen Nacht. Aber mein ganzes Leben lang hat mich nie wieder die Gewissheit verlassen, dass es Engel gibt, die uns gerade dann helfend und tröstend zur Seite stehen, wenn wir selbst mit unseren Kräften am Ende sind.

Es ist der Engel
der Hoffnung,
der dich immer wieder,
oft völlig unbemerkt,
an seine Hand nimmt.
Er streut dir Spuren
des Vertrauens
in die Fragwürdigkeiten
deines Lebens
und schenkt dir Atempausen
in den Zeiten
deiner Verzweiflung
und deiner Schmerzen.
Eines Tages wird er dich
über deine Abgründe
hinwegtragen
und dich wieder
auf den sicheren Boden
glaubwürdiger
Hoffnung stellen.

Als der Teufel in den Himmel kam

Eigentlich war es ein ganz normaler Tag gewesen im Himmel. Die Engel hatten im Chor gesungen, ihre Portion Manna und Honig verspeist und sich, ihrem persönlichen Dienstplan entsprechend, der auf Wolke Sieben aushing, um die Menschen gekümmert, die ihrer bedürftig waren. Nach all diesen Geschäftigkeiten hatten sie sich ein wenig ausgeruht, um die göttlichen Gedanken, die sie stets durchströmten, in ihrem Herzen nachklingen zu lassen. In der damit eingetretenen Stille vernahmen sie plötzlich ein Geräusch, das ihnen ausgesprochen fremd war und sie unvermittelt aufschreckte: Es klopfte. Besser gesagt: Jemand hämmerte offensichtlich mit beiden Fäusten unermüdlich gegen das Himmelstor, was erahnen ließ, dass es sich hier um einen ungewöhnlichen Besucher handeln musste. Petrus, der schon Feierabend hatte, kam müde und lustlos von seiner Ruhewolke gekrochen und schob den schweren

Riegel beiseite. Was er vor der Tür erblickte, verschlug ihm die Sprache. Dort stand ein leibhaftiges Teufelchen. „Was willst du denn hier?“, brachte Petrus, mühsam die Fassung bewahrend, hervor.

„Man hört in der Hölle so viel von den Engeln und dem leichten und lichten Leben im Himmel, dass ich neugierig darauf geworden bin, wie es wohl bei euch zugehen mag“, antwortete das Teufelchen in manierlichem Tonfall, den es anscheinend sorgfältig geübt hatte. „Ich bitte dich, lass mich herein und eine Weile hier oben leben, damit ich mich selbst davon überzeugen kann, ob die Geschichten, die man sich in der Hölle vom Himmel erzählt, der Wahrheit entsprechen.“

Aufgrund der ungewohnten Töne hatten sich mittlerweile alle Engel, mit Blick auf den überraschenden Besucher nun doch neugierig geworden, in gemäßigtem Abstand hinter Petrus versammelt. Sie wussten, dass es zu den himmlischen Regeln gehörte, keinen, der um Aufnahme bat, abzuweisen. Aber wer hatte bei der Abfassung dieser Richtlinien auch damit rechnen können, dass sich jemals einer von der Gegenseite hier herauf verirren würde?

Mit einem Anflug von Bangigkeit im Herzen, wie er Engeln eigentlich nicht eigen ist, zogen sie sich wieder auf ihre Ruhewolke zurück und ließen den armen Petrus mit dem ungebetenen Besucher allein.

„Ich habe Hunger, gibt es denn hier nichts zu essen?“, fragte der Teufel mit kräftiger Stimme. „Pst, nicht so laut“, mahnte Petrus. „Wir haben zwar schon gespeist, aber ich lasse dir gern noch eine Portion Manna mit Honig bringen.“

„Manna mit Honig?“, fragte das Teufelchen entgeistert, „gibt es denn hier keine gegrillten Fleischspieße, gebratene Haxen oder einen Topf mit dampfendem Gulasch?“

„Tut mir Leid“, antwortete Petrus leicht gereizt, „entweder du isst, was bei uns üblich ist, oder du kannst gleich wieder verschwinden.“

„Schon gut“, beschwichtigte ihn der Teufel mit einem spitzbübischen Gesichtsausdruck, „dann lasse ich mich eben heute einmal wie ein Engel verköstigen.“

Auf diesen Kameraden muss ich ein wachsames Auge haben, dachte Petrus, damit er unsere himmlische Ordnung nicht allzu sehr durcheinander bringt. Vor allem galt es zunächst einmal zu entscheiden, wo man ihn für die Nacht unterbringen konnte. Schließlich war es undenkbar, ihn auf den Wolken der Engel einzuquartieren. Mehr der Not gehorchend als dem eigenen Willen nahm Petrus ihn schließlich mit zu seiner eigenen Ruhestätte und richtete ihm dort erst einmal ein Notquartier ein.

Dem Gast gefiel das frühe Schlafengehen gar nicht. In der Hölle war um diese Zeit im wahrsten

Sinne des Wortes erst der Teufel los. Zudem war ihm diese grenzenlose Stille unheimlich. Dort, wo er herkam, waren stets Lärm und Geschrei üblich. Aber es blieb ihm nichts anderes übrig, als sich, wie schon beim Essen, zu fügen. Es dauerte lange, bis er in dieser für ihn so fremden Welt endlich einschlief. Dementsprechend erschrocken war er, als er in aller Herrgottsfrühe von dem fröhlichen Morgengesang der Engel geweckt wurde. Verschlafen rieb er sich die Augen, als ein mutiger Engel herübergeflogen kam und ihm, mehrmals freundlich grüßend, ein Glas Milch reichte. Der Teufel trank es, durstig wie er war, in einem Zuge leer, obwohl ihm ein kühles Bier und ein Korn dazu wesentlich besser geschmeckt hätten.

„Guten Morgen könntest du eigentlich schon sagen", meinte der Engel leicht beleidigt, „und über ein freundliches Wort des Dankes hätte ich mich auch gefreut." Das Wörtchen „danke" hatte der Teufel noch nie zuvor gehört und ließ sich erst einmal erklären, was es bedeutete. Der Engel wollte gerade wieder entschweben, als der Teufel ihn an einem seiner Flügel zupfte.

„Eine Frage habe ich noch! Warum hast du mir etwas zu trinken gebracht?"

Der Engel sah ihn entgeistert an. „Es ist bei uns so üblich, dass wir einander gegenseitig dienen und stets füreinander da sind. Und jetzt lass bitte meinen Flügel los, du tust mir weh."

Dass man sich gegenseitig rupfte und zupfte, gelegentlich auch schubste oder mit Füßen trat, war für den Teufel eine völlig normale Verhaltensweise. Wie sonst sollte man einem anderen mitteilen, dass man etwas von ihm wollte? Ein Zusammensein ohne irgendwelche Formen von Gewalt, wie es hier üblich zu sein schien, war ihm völlig fremd. Vielleicht hätte ich mich lieber nicht auf dieses Experiment einlassen sollen, dachte er im Stillen. Im Himmel herrschen offensichtlich wirklich völlig andere Maßstäbe als unten in der Hölle. Doch weiter kam er nicht mit seinen Gedanken, denn er hörte, wie nach ihm gerufen wurde. Allerdings vernahm er die Stimmen nicht über die Ohren, sondern in seinem Herzen. Er erschrak heftig über diese ungewohnte, stille Kommunikation, leistete ihr aber widerstandslos Folge und begab sich auf die Wolke, auf der die himmlischen Chöre gerade das große Halleluja anstimmten.

„Singst du Tenor oder Bass?"

„Keine Ahnung", grölte der Teufel. Und vor allem, dachte er bei sich, was bedeutete dieses merkwürdige Wort „Halleluja"? Er kannte Hallodri und Halali und Himmel, A... und Zwirn. Aber davon wollten die Engel nichts wissen. Also übte er das neue Wort, sang aber, als der Chor begann, dermaßen falsch, dass der Choral schon nach drei Takten hoffnungslos zusammenbrach.

Was sollen wir bloß mit diesem Typen hier anfangen? Die himmlischen Boten waren nahezu am Ende ihrer Kräfte. Noch nie zuvor waren sie auf solch eine harte Geduldsprobe gestellt worden.

Doch sie nahmen die Herausforderung an. Sobald der Teufel grob wurde, begegneten sie ihm mit Freundlichkeit, jeden seiner bösen Gedanken erwiderten sie mit Gesten der Friedfertigkeit, seinen zerstörerischen Fantasien setzten sie heilvolle und beglückende entgegen.

Und eines Tages geschah das Wunder. Während einer Orchesterprobe, bei der es dem Teufel mittlerweile gelungen war, im richtigen Rhythmus auf die Pauke zu hauen, knackte es plötzlich gefährlich an seinem Kopf. Man hörte einen dumpfen Aufprall: Und da lagen sie vor seinen Füßen, seine beiden roten Hörner. Erschrocken wollte er sich nach ihnen bücken, doch in Nullkommanichts hatten sie sich in Luft aufgelöst. Tiefe Verzweiflung überkam ihn, denn er wusste, dass er ohne Hörner niemals wieder in der Hölle akzeptiert werden würde.

Dieses Ereignis machte auch die Engel ratlos. Im Stillen hatten sie gehofft, dass der Teufel des friedlichen und harmonischen Engellebens allmählich überdrüssig sein würde und von sich aus den Rückzug in die Hölle anträte. Was aber sollten sie jetzt mit ihm tun? Im Himmel konnte er auf keinen Fall dauerhaft bleiben, denn ein richtiger Engel würde sicher niemals aus ihm werden.

Am Abend saßen alle zusammen und meditierten. Unserem Teufel fiel es immer noch schwer, sich für längere Zeit still zu verhalten, aber mit äußerster Anstrengung gelang es ihm. Schließlich ergriff einer der Oberengel das Wort: „Unser Gast hat sich im Laufe der Zeit, die er mit uns zusammen verbracht hat, wesentlich verändert. Er ist als Teufel gekommen, aber er hat sich so viel Mühe gegeben, mit uns zusammen wie ein Engel zu leben, dass ihm am Ende die Hörner abgefallen sind. So ist er zwar kein Teufel mehr, aber da er immer wieder böse Gedanken im Kopf hat, haben wir auch keine Hoffnung, dass jemals ein vollständiger Engel aus ihm wird." „Dann ist er jetzt ein Tengel", rief einer der kleinen Engel vorwitzig dazwischen. „Nein, ein Enfel", rief ein anderer. Unruhe entstand unter den himmlischen Heerscharen, bis es dem Oberengel endlich wieder gelang, für Ruhe zu sorgen und seine Rede fortzusetzen: „Wenn er weder in die Hölle noch in den Himmel gehört, dann schicken wir ihn zu dem Ort, der direkt dazwischen liegt: auf die Erde."

Mit diesem Kompromissvorschlag waren alle Engel einverstanden. Der Tengel, Teugel, Enfel oder was immer er jetzt war, nickte ergeben. Er hatte ohnehin keine andere Wahl, als sich dem Vorschlag zu fügen.

Er lebte sich relativ schnell unter den Menschen ein. Sie schienen seiner Art ähnlich zu sein.

Wann immer er teuflische Gedanken in seinem Herzen hegte und boshafte und gemeine Pläne ausheckte, war es ihm ein Leichtes, sie auf den menschlichen Geist übergehen zu lassen. Im Verborgenen lachte er darüber, wenn es ihm wieder einmal gelungen war, die Erdenbürger zu Unrecht, Krieg und Gewalttaten angestiftet zu haben.

Manchmal allerdings erinnerte er sich auch seiner im Himmel erlernten Engelseiten. Vor allem zur Weihnachtszeit, wenn sie miteinander „Halleluja“ sangen, stiegen in ihm die Bilder wieder auf, als er selbst dieses ihm einst fremde Wort zu verstehen gelernt hatte. Auch an die Gedanken von Frieden und Freude erinnerte er sich und an den liebevollen Umgang, den die himmlischen Heerscharen untereinander gepflegt hatten. Ob es Sentimentalität war oder der verborgene Wunsch in seinem Herzen, doch endlich so sein und leben zu können wie die Engel, lässt sich nicht sagen. Jedenfalls ging vor allem in diesen dunklen

Winterwochen ein lichtvoller Schein von ihm aus, der die Menschen mit der Sehnsucht nach Eintracht, Versöhnung und heilvollem Leben beseelte. Und von Jahr zu Jahr hoffen die Engel im Himmel, dass diese Kräfte in ihm immer stärker werden, damit das Böse auf der Erde eines Tages ganz überwunden werden kann und ein Leben in Frieden und Liebe endlich Wirklichkeit wird.

Überlasse
den bösen Gedanken
und zerstörerischen Fantasien
nicht so viel Macht
über dich.
Schenke den freundlichen
und friedfertigen
Gedanken mehr Raum
und lass dich von ihnen
dazu verführen,
wenigstens zeitweise
einem Engel
ähnlich zu sein.

Der Engel, der nicht fliegen konnte

Es war einmal, so beginnen selbst im Himmel die Märchen, ein junger Engel, der ganz neu zu den himmlischen Heerscharen gekommen war. Er tat sich von Anfang an schwer mit dem Leben als Engel, doch machte ihm ein Problem ganz besonders zu schaffen. Er kam, so merkwürdig das auch für die himmlische Welt klingen mag, mit seinen Flügeln nicht zurecht. Anfangs drückten sie ihn, dann juckte es ihn gerade an den Stellen, an denen sie ihm gewachsen waren, am Rücken, ohne dass es ihm möglich war, sich zur Erleichterung ein wenig zu kratzen. Vor allem mit dem Fliegen tat er sich schwer. So sehr er sich auch bemühte, es wollte ihm einfach nicht gelingen, sich mehr als ein paar Meter hoch von einer Wolke abzuheben. Zu groß war die Angst, nach wenigen Sekunden ungeschickt wieder abzustürzen, wie er es nach seinen ersten Flugversuchen mehrfach erlebt hatte. Am liebsten wäre er diese lästigen Dinger an seinem

Rücken wieder los geworden. Äußerungen in dieser Richtung stießen allerdings bei seinen Mitengeln auf herbe Kritik. „Zu einem Engel gehören nun einmal die Flügel dazu“, meinten die anderen. „Aber wozu denn?“, fragte der Neue leicht bockig. „Von Liebe und Frieden singen und Gott loben kann ich doch schließlich auch ohne diese Wedel da hintendran.“ „Was sind denn das für Ausdrücke“, mahnte ihn einer der Oberengel aufgebracht, dem es oblag, die Kleinen in die Ordnungen des himmlischen Gemeinschaftslebens einzuführen. Er holte tief Luft und fügte dann in ruhigem Tonfall hinzu: „Die Flügel brauchen wir, um uns leise und leicht in engelsamer Geschwindigkeit von einem Ort zum anderen zu bewegen. Wir werden oft ganz schnell an weit entfernten Orten gebraucht und könnten nicht helfend eingreifen, wenn wir uns mühsam und schwerfällig auf Füßen bewegen würden, wie die Menschen auf der Erde.“ Der Kleine nickte resigniert. Die Antwort des Oberengels leuchtete ihm ein. Dennoch fühlte er sich hier irgendwie fehl am Platz.

Aber er wollte es nicht an seinem guten Willen fehlen lassen. Jeden Tag erprobte er sich in neuen Flugversuchen. Doch die Angst, zu versagen und von den anderen nicht als richtiger Engel anerkannt zu werden, lähmte ihn. So oft er auch zum Fliegen anhob, immer wieder stürzte er ab, bis er seine Anstrengungen eines Tages völlig aufgab. Zu dieser Zeit kümmerte es auch keinen der Engel mehr, wie es um ihn stand. Alle waren unablässig damit beschäftigt, sich auf die Geburt von Gottes Sohn vorzubereiten, die in wenigen Wochen auf der Erde in einem völlig unbedeutenden Ort namens Bethlehem stattfinden sollte. Wenigstens fiel er im Engelschor nicht unangenehm auf. Er sang das „Gloria in excelsis“ so klar und rein, dass er zumindest hier als richtiger Engel anerkannt wurde.

Endlich kam der Tag, an dem das wunderbare Ereignis stattfinden sollte. Aufgeregt flatterten alle Engel hin und her, suchten ihre Liedblätter zusammen, stimmten ihre Harfen und Posaunen und machten sich bereit für den gemeinsamen Flug gen Israel. „Nun komm schon!“, rief der Oberengel dem Kleinen zu. „Du wirst doch diese einmalige Stunde in der Weltgeschichte nicht versäumen wollen?“ Mühsam versuchte der junge Engel, seine Flügel zu bewegen, aber auch dieser erste Versuch seit langer Zeit misslang kläglich.

„Dann musst du eben hier oben bleiben!“, riefen die anderen einmütig im Chor. „Wir müssen jetzt los.“ Traurig nickte der kleine Engel und verharrte, als sich die anderen alle hoch in die Lüfte aufschwangen, einsam und verlassen auf seiner Wolke.

Wer je behauptet haben mag, dass Engel keine Tränen kennen, wurde in diesem Augenblick Lügen gestraft. Der junge Engel schluchzte so tief, dass sogar sein Heiligenschein Gefahr lief, aufgrund der seelischen Erschütterungen von seinem Kopf zu fallen.

Doch die Tränen versiegten, und der junge Engel war zu neugierig, um nicht doch einen Blick auf die Erde zu werfen, just dahin, wo die anderen gerade das Wunder des göttlichen Geheimnisses priesen. „Halleluja", sangen sie aus voller Kehle und danach das „Ave Maria", das er so oft mit ihnen zusammen geübt hatte. Dann aber verhießen ihre Stimmen, dass nun, durch die Geburt des Heilands, alle Leiden und Schmerzen überwunden würden und jede zerrissene Seele heil werden könne. Niemand müsse sich mehr fürchten oder Angst davor haben, zu versagen oder angeblich nichts wert zu sein. Das Wunder von Weihnachten bedeute, dass niemand nach seinen Leistungen bewertet werden dürfe, sondern dass sich jeder in aller Freiheit zu dem entfalten könne, der er ist.

Diese Töne trafen den kleinen Engel mitten ins Herz. Wenn diese Worte nicht nur den Menschen auf der Erde, sondern auch ihm gelten würden, dann bräuchte er sich seiner Unfähigkeit beim Fliegen nicht länger zu schämen.

Demnach gab es in dieser neuen göttlichen Welt keine Unterscheidung mehr zwischen Könnern und Versagern. Dann hatte jeder ein Recht darauf, er selbst zu sein, mit all seinen Begabungen, aber zugleich auch mit seinen Fehlern und Schwächen. Dann musste er sich nicht länger davor fürchten, von den anderen belächelt, verachtet oder gar aus dem Kreis der Engel ausgestoßen zu werden.

Ein unglaubliches Glücksgefühl durchfuhr ihn. Er war innerlich so beschwingt, dass er ganz unmerklich seine Flügel bewegte und sie vor Begeisterung über das, was er gehört hatte, derart kraftvoll bewegte, dass er sich, das erste Mal in seinem Engeldasein, weit in die Lüfte erhob. „Halleluja", sang er aus vollem Herzen und eilte mit mächtigen Flügelschlägen hin zu dem Ort, an dem sich das Wunder des Heils ereignet hatte. Unmerklich mischte er sich unter die jubelnde Engelschar. Als diese das große „Gloria in excelsis Deo" anstimmte, war er es, der das Wunder von Weihnachten am lautesten pries.

„Was soll ich tun,
damit ich
auch einmal
auf der Seite
der Sieger stehe?“,
frage ich verzweifelt
schon seit unendlich
vielen Jahren.
„Komm“,
erwidert der Engel,
„komm endlich
zu dir selbst!“

Der einsame Hirte

Es war eine für die Jahreszeit viel zu milde, verregnete Nacht. Die Hirten hatten sich unter dem einen oder anderen Holzverschlag zurückgezogen, um das ungemütliche Wetter wenigstens halbwegs unbeschadet zu überstehen. Jacob war einer der ältesten von ihnen, ein wortkarger, verbitterter Mann, an dem die zahlreichen Jahre auf dem Feld ihre Spuren hinterlassen hatten.

In dieser Nacht war Jacob von einer seltsamen Unruhe ergriffen. Als draußen ein Schaf kläglich blökte, meinte er, eines der seinen zu erkennen und lief hinaus, um das Tier zu beruhigen. Als er jedoch auf dem Feld war, erschien ihm alles wieder friedlich und still. Er stellte mit Erleichterung fest, dass der Regen aufgehört hatte und die Sterne sich wieder hinter den ungestümen Wolkengebilden zu erkennen gaben.

Einen Augenblick lang hielt er inne, um in aller Ruhe den Himmel zu betrachten, als er mit einem Mal ein wundersames Licht um sich herum wahrnahm. Der ganze Himmel war plötzlich erleuchtet, und auch er selbst war in ein so grelles Licht getaucht, dass er, geblendet, die Hände schützend vor die Augen hielt. Doch damit nicht genug. Wundersame Stimmen drangen an sein Ohr, die etwas von Frieden und Freude verhießen, und dass er sich nicht länger fürchten müsse. Irgendwo sei ein Kind geboren worden, das die Welt von aller Angst und Not erretten würde.

Der alte Jacob fasste sich an den Kopf. Ist es jetzt auch um meinen Verstand geschehen?, fragte er sich. Doch er brachte es nicht fertig, wieder zu seinem Holzverschlag zurückzugehen, als ob nichts gewesen sei. Unsichtbare Kräfte trieben ihn in Richtung Bethlehem. Auf einem steinigen Weg erreichte er schließlich humpelnd und stolpernd die kleine Stadt. Über einem kläglichen Stall leuchtete ein Stern auf, dessen Anblick ihn erneut erschauern ließ wie zuvor das Licht und die Stimmen auf dem Feld.

Ich bin nicht ganz bei Sinnen, dachte er, als er vorsichtig den Stall betrat. Aber der Anblick enttäuschte ihn. Er hatte sich hier ein ganz besonderes Ereignis vorgestellt. Doch was er sah, war lediglich ein Neugeborenes, das in einer Krippe lag und leise vor sich hin weinte. Daneben eine in Schlaf versunkene, erschöpfte Mutter und einen müden, frierenden Mann, der leicht mürrisch dreinschaute.

Das soll die Rettung sein?, dachte der Hirte enttäuscht. Hier in dieser erbärmlichen Armseligkeit soll ich Frieden und Freude finden? Dann habe ich draußen auf dem Feld wohl doch nur Wahnvorstellungen gehabt. Leise wollte er sich wieder zurückziehen, als er spürte, dass ihm die Beine versagten. Unversehens kniete er vor der Krippe nieder und sog das Bild, das sich ihm bot, in sich auf.

Wie sehr, durchfuhr es ihn mit einem Mal, hatte er sich früher selbst ein Kind gewünscht. Damals, als er noch jung gewesen war, hatte er als Zimmermann gearbeitet. Er war mit einem der weit und breit schönsten und begehrtesten Mädchen verlobt gewesen. Doch das Mädchen starb vier Wochen vor der geplanten Hochzeit an einer unheilbaren Krankheit.

Damals hatte seine Verbitterung begonnen. Er hatte sich infolge seiner unsäglichen Trauer nicht mehr auf seine Arbeit konzentrieren können und war kurzerhand vor die Tür gesetzt worden. Wovon sollte er leben?

Ihm blieb nichts anderes übrig, als sich als Hirte zu verdingen. Kräftige Männer, die sommers wie winters draußen auf dem Feld sein konnten, wurden immer gesucht. Daran, dass er nun zu den von der feinen Gesellschaft Ausgestoßenen und Geächteten gehörte, hatte er sich im Laufe der Zeit gewöhnt. Doch er hatte keine Freude mehr empfinden können. Die Trauer hatte ihn gelähmt und die Bitterkeit blind gemacht für die Schönheiten des Lebens.

Wieder und wieder betrachtete er das Kind in der Krippe, und mit einem Mal liefen ihm Tränen über sein von Wind und Wetter gegerbtes Gesicht. Über Jahrzehnte hin hatte er all seinen Kummer und seine Schmerzen verdrängt. Jetzt aber brach urplötzlich die Verzweiflung über sein verlorenes Leben aus ihm hervor. Was hatten ihm die sonderbaren Stimmen zuvor ins Herz gesungen? War da nicht von Rettung die Rede gewesen, von Heilung, Frieden und Freude?

Leise erhob er sich und machte sich ganz langsam wieder auf den Heimweg. Doch er konnte in dieser Nacht keinen Schlaf mehr finden. Sein ganzes Leben lief vor seinem inneren Auge ab; nichts gab es mehr an Kummer und Verzweiflung, an eigenem Versagen und verdrängter Schuld, an erlittenen Enttäuschungen und seelischen Schmerzen, dem er sich in dieser Nacht nicht hätte stellen müssen.

Erst in den Morgenstunden nickte er ein. Die anderen Hirten hatten ein Auge auf seine Schafe, wussten sie doch, dass der Alte dann und wann schon einmal kränkelte und in der Frühe nicht bei seinen Tieren war.

Doch als er endlich bei der Herde erschien, wunderten sie sich nicht wenig. Sein Gesichtsausdruck hatte sich über Nacht völlig verändert. Die verbitterten Züge waren aus seinen Mundwinkeln verschwunden, und er brachte lächelnd ein herzliches „Danke" hervor. Überhaupt strahlte er etwas von dem tiefen Frieden aus, den nur die Menschen haben, die sich mit sich selbst und ihrer eigenen Lebensgeschichte haben versöhnen können.

Möge dir der Engel
der Barmherzigkeit
mit einem sanften Flügelschlag
die Verbitterung
aus deinem Herzen streichen,
damit du dich
mit den Menschen,
die dich verletzt haben,
und zugleich mit
dir selbst
aussöhnen kannst.

Als die Engel den Gottesdienst störten

Der Schnee fiel dicht und gleichmäßig und verhüllte das kleine bayrische Bergdorf unter einer weißen, romantischen Decke. In den meisten Häusern waren die Lichter erloschen. Nur aus wenigen Fenstern drang noch ein sanfter Schein, der erahnen ließ, dass hier schon die ersten Weihnachtsbäume heimlich geschmückt oder noch andere Vorbereitungen für den Heiligen Abend getroffen wurden.

Nur in der kleinen barocken Kirche schien in dieser Nacht keine Ruhe eintreten zu wollen. Es waren die vier Putten, seit 300 Jahren still und schweigend unter dem Deckengewölbe hängend, die in dieser Nacht für Unruhe in den sakralen Räumen sorgten.

„Morgen kommen wieder alle Dorfbewohner zur Christvesper und singen von Liebe und Frieden", meinte die erste, „und dabei wissen wir, dass sie im Alltag nur auf ihren eigenen Vorteil bedacht sind." „Wenn es nur das wäre", jammerte die Nächste. „Aber sie erscheinen ohnehin nur am Heiligen

Abend in der Kirche, als ob das Evangelium sie über das Jahr hin nichts anginge!“ „Sie tanken hier ein wenig Weihnachtsstimmung und bekommen feuchte Augen, wenn die Orgel ‚Stille Nacht, heilige Nacht‘ intoniert, und das ist dann auch schon alles“, regte sich die dritte Putte auf. Eine Weile blieb es überraschend still in der Kirche. Schließlich ließ sich die vierte Putte vernehmen. „Ich mache euch einen Vorschlag, meine Lieben“, begann sie. „Wenn morgen Abend die Christvesper beginnt, schwimmen wir einfach gegen den Strom.“ „Was meinst du damit?“, wollten die anderen aufgeregt wissen. „Lasst mich nur den Anfang machen, dann werdet ihr schon wissen, was ihr zu tun habt“, meinte sie. „Und nun lasst uns ruhen. Morgen wird ein anstrengender Tag für uns sein.“

Die Kirchenglocken riefen zur Christvesper. Die Dorfbewohner strömten eilig zu ihrer kleinen Kirche und freuten sich auf einen stimmungsvollen Gottesdienst.

Doch kaum hatte die Orgel mit einem bachschen Präludium begonnen, lag eine Irritation in dem festlich geschmückten Raum. Die Putten hatten sich einträchtig von ihrem angestammten Platz unter dem Deckengewölbe gelöst und umkreisten den Altar wie Hummeln eine Blüte. Die Gemeinde traute ihren Augen nicht und konnte sich nicht mehr auf die festliche Orgelmusik konzentrieren.

Doch als der übliche Eingangschoral: „Tochter Zion, freue dich“, intoniert wurde, war es mit der feierlichen Atmosphäre ganz vorbei. Unsere Engel sausten nicht nur um den Altar herum, sondern sangen zugleich in so falschen Tönen, dass es auch dem besten Sänger in der Gemeinde nicht mehr möglich war, die Melodie zu halten. Bei der dritten Strophe brach der Gemeindegesang endgültig zusammen. Der Pfarrer versuchte, mit einem frommen Gebet zu retten, was zu retten war, doch auch dieses verlief nicht störungsfrei.

Zur Überraschung aller ertönte die Lesung des Weihnachtsevangeliums dann aber reibungslos. Doch noch ehe ein tiefes Aufatmen in der Gemeinde erfolgen konnte, ging der Gesang des Liedes „Ich steh an deiner Krippen hier“ in einem noch stärkeren Getöse unserer Putten unter als der Eingangschoral. Als sich die ersten Gottesdienstbesucher erhoben und dem Ausgang zustrebten, stieg der Pfarrer auf die Kanzel und warf seine sorgsam vorbereitete feierliche Ansprache über Bord.

„Liebe Gemeinde“, begann er, „ich denke, dass die Putten, die jahrhundertelang treu an ihrem angestammten Platz hingen, uns in dieser Heiligen Nacht etwas Besonderes sagen wollen. Vielleicht haben wir es uns in der Kirche, vor allem zu Weihnachten, wenn endlich einmal das ganze Dorf versammelt ist, zu einfach gemacht.“ Bei diesen

Worten blieben diejenigen erstaunt stehen, die gerade im Begriff gewesen waren, die Kirche zu verlassen, und begaben sich leise wieder auf ihre Plätze. Selbst die Putten legten sich still unter die Kanzel. Spannung lag in der Luft, als der Pfarrer fortfuhr: „Wir haben Weihnachten über lange Zeit hin nur noch verharmlost. Sie sind in die Kirche gekommen, um sich ein wenig in Weihnachtsstimmung bringen zu lassen, bevor daheim die Kerzen am Tannenbaum angezündet werden und der Gänsebraten auf dem Tisch steht."

In der Kirche war es bei diesen Worten mucksmäuschenstill geworden. Selbst unsere Engel schwiegen erstaunt. „Aber", so fuhr der Pfarrer fort, „Weihnachten ist nicht allein ein Fest der privaten Gemütlichkeit. Der Ruf der Engel an die Hirten: ‚Fürchtet euch nicht!' enthält eine weltumfassende und damit auch eine politische Aussage. Wenn wir es wirklich ernst meinen mit Weihnachten, dann kümmern wir uns nicht nur um unser eigenes gemütliches Zuhause, sondern dann sorgen wir uns auch darum, dass sich niemand in der Welt fürchten muss. Dann sind wir wachsam darauf, dass sich Frauen nicht vor männlicher Gewalt ängstigen müssen, dass Kinder nicht misshandelt oder gar missbraucht werden, dass niemand in der Welt mehr an Hunger sterben muss. Ich bitte Sie, diese Gedanken mit nach

Hause und in das neue Jahr zu nehmen. Die Kollekte des heutigen Heiligen Abends ist demnach nicht für die Renovierung unserer Orgel, sondern für die leidenden Menschen in den armen Ländern dieser Welt bestimmt. Amen."

In der Kirche hätte man nach diesen Worten eine Stecknadel fallen hören können. Niemand wagte mehr aufzustehen und nach Hause zu gehen. Der Organist spielte „Stille Nacht", und die Gemeinde stimmte inbrünstig ein. Die Engel selbst waren über die mutige Predigt des Pfarrers mehr als erstaunt. Sie hatten nicht zu hoffen gewagt, dass er ihr innerstes Anliegen so klar hatte verstehen und zur Sprache bringen können. Um ihrer Zufriedenheit Ausdruck zu verleihen, kreisten sie noch einmal friedlich durch die Kirche und um das enthaarte Haupt des nun doch erschrockenen Pfarrers herum. Dass sie sich nach dem Gottesdienst wieder still an ihre angestammten Plätze im Deckengewölbe der kleinen Kirche begaben, versteht sich von selbst.

In den Familien wurde an diesem Heiligen Abend noch lange über den Weihnachtsgottesdienst diskutiert. Und in den ausgiebigen, bis in die Nacht hinein reichenden Gesprächen begriffen sie, dass Engel keine weihnachtliche Randverzierung sind, sondern auf den Kern dessen hinweisen, was Weihnachten eigentlich, auch über die Feiertage hinweg, für das Leben im Alltag bedeutet.

Mögen dir die Engel
ihr „Friede auf Erden“
mitten ins Herz singen,
damit du dich
mit all deiner Kraft
dafür einsetzen kannst,
dass kein Mensch
auf dieser Welt
sich mehr fürchten muss.

Als der Engel verstummte

Auf dem festlich mit frischen Fichtenzweigen und Strohsternen geschmückten Couchtisch standen Lebkuchen und Vanillekipferl sowie Reste des selbst gebackenen Dresdner Christstollen und erinnerten an die mittlerweile vergangene Kaffeestunde, während aus der Küche bereits der köstliche Duft von gebratener Gans und gedünstetem Rotkohl strömte. In der Ecke des mit Stilmöbeln behaglich eingerichteten Wohnzimmers stand die fast zwei Meter hohe Nordmanntanne, deren hundert elektrische Lichter sich in den roten und silbernen Kugeln und goldenen Glöckchen spiegelten und dem ganzen Raum eine weihnachtliche Atmosphäre verliehen. Die Besonderheit des Baumes lag allerdings in dem auf seine Spitze geklemmten Porzellanengel, einem Erbstück von den Urgroßeltern, der auf geheimnisvolle Weise seinen Mund öffnete und unentwegt „Friede auf Erden“ vor sich hin sang, ohne dass auch nur irgendjemand in der Familie darauf achtete. Die Kinder stritten gerade lauthals darüber, welches

Fernsehprogramm eingeschaltet werden sollte. Die Großeltern, schon leicht schwerhörig, klagten in entsprechender Phonstärke über den Lärm der Enkel und darüber, dass die Kinder am Heiligen Abend einen Western sehen durften. Zudem jammerten sie bereits vor dem Essen darüber, dass ihnen das fette Geflügel sicher wieder im Magen liegen und den Schlaf rauben würde. Als der Vater sich gerade das dritte Bier aus dem Kühlschrank holen wollte, fing die Mutter an zu zetern und lamentierte darüber, wieder einmal allein diejenige zu sein, die den ganzen Tag in der Küche stünde. Der Vater zog sich daraufhin maulend in den Ohrensessel zurück und schloss die Augen. So gesehen war alles wie an jedem Weihnachten.

Plötzlich allerdings geschah etwas, was den gewohnten Ablauf des Festes völlig durcheinander brachte. Mit einem Mal erloschen die elektrischen Kerzen am Weihnachtsbaum, die Kontrolllämpchen am Backofen gingen aus, und nach einigen Minuten hörte auch der Rotkohl auf dem Herd auf zu dampfen. „Ein Stromausfall, gerade jetzt, wo es spannend wird“, beschwerte sich der Sohn, der sich gegenüber seiner kleinen Schwester, wie schon so oft, wieder einmal in der Programmwahl durchgesetzt hatte. Auch der Engel oben auf dem Weihnachtsbaum verstummte. Die Mutter kramte

aus einer der unteren Schubladen des Wohnzimmerschranks einige Kerzenstumpen und ein Päckchen Streichhölzer hervor, so dass man sich, nachdem sie die Kerzen angezündet hatte, wenigstens orientieren konnte. „So etwas hat es früher nicht gegeben." Einmütig nickten die Großeltern einander zu. „Was wird jetzt aus dem Weihnachtsessen?", jammerte die Mutter, während der Vater im Dunkeln heimlich einen Schluck Schnaps aus der Flasche nahm.

Doch das Elend währte kaum zwanzig Minuten, als mit einem Mal die Lichter am Weihnachtsbaum wieder den gewohnten Glanz ins Wohnzimmer brachten und das Wasser für die Kartoffelklöße erneut zu kochen begann. Doch anstatt erleichtert aufzuatmen, schimpfte der Sohn darüber, dass er den spannendsten Teil des Films nun verpasst habe. Die Großeltern meinten, dass das fette Essen nun noch später auf den Tisch käme, der Vater hatte von dem Korn einen nicht überhörbaren Schluckauf gekriegt, und die Mutter klagte, dass die Gans jetzt sicher keine knusprige Haut mehr bekommen würde.

Es war das kleine Mädchen, das plötzlich ausrief: „Der Engel sagt ja gar nichts mehr!"

Sofort wurde es still im Wohnzimmer. Der Vater kontrollierte, ob dem Schweigen des Engels ein Wackelkontakt zugrunde liegen könne oder ob der

betagte Schallplattenspieler, der mithilfe einer alten Schellackplatte für die Stimme des Engels sorgte, defekt sei. Doch er konnte keinen Fehler finden.

„Vielleicht hat er keine Lust mehr, ‚Friede auf Erden' zu rufen, weil ja hier doch keiner auf ihn hört", meinte die Kleine. „Den ganzen Tag gibt es hier nur Krach und Streit." Die Familie schwieg betreten, als habe sie jemand auf frischer Tat ertappt. Der Vater stellte die Flasche schnell ungesehen wieder hinter den Sessel, die Mutter gab schweigend die Klöße ins Wasser, der Sohn schaltete den Fernseher aus und das Radio ein. Als aus den Lautsprechern „Stille Nacht" ertönte, nickten die Großeltern und meinten mit Tränen in den Augen, nun sei doch alles fast so wie früher.

Die Gans war, trotz des Stromausfalls, knusprig und gut geraten und schmeckte allen bestens. Während die Mutter zum Dessert die mit Marzipan und Rosinen gefüllten Bratäpfel servierte, erklang aus dem Rundfunk die Lesung des Weihnachtsevangeliums. Bei der Stelle, an der der Engel „Friede auf Erden" verhieß, zuckten alle ein wenig zusammen. Und jeder nahm sich vor, in Zukunft nicht mehr so viel herumzujammern und die eigenen Interessen durchzusetzen, sondern mehr auf die anderen zu hören, stärker auf deren Wünsche einzugehen und aufmerksamer füreinander zu sein.

So gesehen konnte der Engel an der Spitze des Weihnachtsbaumes mit seinem stillen Protest am Heiligen Abend eigentlich ganz zufrieden sein. Dass er allerdings einfach nur aufgrund seines hohen Alters seine Fähigkeit zu sprechen eingebüßt hatte, war der ganzen Familie entgangen.

Der Himmel
schenkt sich dir
über Nacht:
Versöhnliche Gedanken
bewegen dein Herz,
und deine Schritte
auf dem Weg
zum Frieden
werden
engelleicht.

Die Erfindung der Lobzettel

„Was machen die denn da?“ Der Engel Ambrosius hatte eine Weile ruhig auf seiner Wolke gelegen und dem Treiben der Menschen auf der Erde zugesehen. „Was meinst du?“, fragte der Erzengel Gabriel beiläufig zurück. „Nun, da unten auf der Erde laufen zahlreiche Frauen in blauen Kleidern durch die Straßen und stecken Zettel hinter die Scheibenwischer einiger Autos. Ob die für uns hier oben Werbung machen?“ „Für uns Reklame machen, – wie naiv bist du eigentlich, Ambrosius? Die Damen da unten verteilen Strafzettel. So einfach ist das.“ „Und weshalb?“ „Weil sich einige der Autofahrer nicht an die Vorschriften halten, vor allem nicht beim Parken.“ „Aha.“ Besonders einleuchtend schien dem Engel Ambrosius diese Antwort nicht zu sein, doch er wagte nicht, weiter nachzufragen. Er sah, dass Gabriel meditieren wollte und dazu seine Ruhe brauchte. Also legte er sich wieder bäuchlings auf seine Wolke und studierte erneut die menschlichen Gepflogenheiten.

Dieses Mal schaute er in einige Lehranstalten, um zu sehen, was die Kinder dort so trieben. Es schien gerade Schulschluss zu sein. Scharenweise strömten die Jungen und Mädchen kreischend und johlend aus den Unterrichtsräumen hinaus ins Freie. Gerade wollte Ambrosius seinen Blick abwenden, als er in einigen Klassenzimmern noch einzelne Lehrkräfte mit traurigen Kindern sah. Die Kleinen weinten, aber alles Bitten und Betteln half nichts. Sie mussten sich noch einmal in die Bank zwängen und, während die Mittagssonne warm durch die Fenster schien, Extraaufgaben machen. „Himmeldonnerwetter", entfuhr es ihm. Gabriel unterbrach jäh seine Meditation. „Jetzt ist es aber genug, solche Ausdrücke schicken sich nicht für einen Engel, das weißt du genau. Musstest du mich unbedingt in meiner Meditation stören?" „Aber sieh doch nur, die Kinder dort in der Schule, warum sitzen die denn am Nachmittag noch dort herum, anstatt draußen mit den anderen zu spielen." „Sie müssen Nachsitzen und Strafarbeiten machen", antwortete Gabriel. „Und warum das?" „Sie werden wohl etwas angestellt haben. Vielleicht hatten sie ihre Hausaufgaben nicht gemacht oder waren nicht pünktlich im Unterricht." „Aha", gab Ambrosius auch dieses Mal zurück, ohne den Sinn dessen, was Gabriel gesagt hatte, begriffen zu haben.

Um den Erzengel nicht weiter zu stören, nahm er in aller Stille seine Beobachtungen wieder auf. Er sah Postboten, die Eltern blaue Briefe brachten, infolge derer die Erwachsenen mit ihren Kindern schimpften, ihnen Hausarrest gaben oder sie sogar schlugen. Männer kürzten ihren Ehefrauen das Haushaltsgeld, um sie für irgendetwas zu bestrafen, das ihnen nicht gefiel, Frauen verweigerten aus ebendemselben Grund ihren Ehemännern die Liebe.

In Ambrosius brodelte es, doch er riss sich zusammen, bis Gabriel sein Mandala zu Ende getanzt hatte. Dann aber brach es förmlich aus ihm heraus: „Wo man auf der Erde auch hinsieht, gibt es Strafzettel, Strafarbeiten oder sonst irgendwelche Strafen. Besteht das menschliche Leben denn aus nichts anderem, als bei den anderen nach Vergehen zu suchen?“ „Die Menschen haben eben ein eigenes Ordnungssystem, sonst würden sie noch weniger miteinander auskommen als ohnehin schon. Und danach erteilen sie jedem, der sich nicht an ihre Regeln hält, eine Strafe. So ist das eben da unten auf der Erde.“ „Kann man denn daran gar nichts ändern?“ „Wozu?“, fragte Gabriel lakonisch. „Damit die Menschen glücklicher werden“, gab Ambrosius nachdenklich zurück.

Eine Weile schwiegen beide. Es war Ambrosius, der wieder das Wort ergriff. „Ich habe eine Idee!

Wie wäre es, wenn alle himmlischen Heerscharen eine Woche lang auf der Erde sämtliche Strafzettel einsammeln und an deren Stelle unter den Menschen Lobzettel verteilen würden?" „Bitte was?" Dieses Mal war es Gabriel, der seinen Mitengel nicht verstanden hatte. „Das ist doch ganz einfach." Ambrosius redete sich in Fahrt: „Wir setzen uns nach dem abendlichen Frohlocken zusammen und schreiben gute Botschaften. Es lässt sich doch sicher an jedem Menschen und seinem Tun irgendetwas Schönes und Liebenswertes entdecken, das man auch ehrlicherweise als solches benennen kann."

Es geschah in den Tagen vor Weihnachten, also in der Zeit, in der die Menschen, anstatt sich in aller Ruhe und Besinnlichkeit auf das Fest vorzubereiten, besonders abgehetzt und gereizt waren. Infolge des zunehmenden Straßenverkehrs bei zu wenig Parkplätzen hatten auch die Politessen reichlich zu tun. Doch die Autofahrer entdeckten hinter der Windschutzscheibe ihres Wagens anstelle eines Strafzettels plötzlich eine Botschaft wie Folgende: „Du bist heute sehr vorsichtig gefahren. Weiter so!" In den besagten blauen Briefen, bei deren Anblick die Kleinen fürchteten, dass ihre Wünsche zum Weihnachtsfest sicher nicht erfüllt würden, war zu lesen: „Ihr Kind hat sich im Unterricht immer wieder viel Mühe gegeben. Leider hat es noch nicht so geklappt, wie es sollte. Aber wenn es weiter fleißig ist, wird es eines Tages auch Erfolg haben und die Versetzung noch schaffen." Frauen fanden in ihren Handtaschen Zettel, auf denen ihnen für die viele Arbeit gedankt wurde, die sie für die Familie täglich leisteten, und Männer fanden endlich einmal Anerkennung dafür, dass sie, solange die Frau wegen der Kinder nicht mitarbeitete, allein den Unterhalt für die Familie aufbrachten.

„Schaut mal", lächelte Ambrosius, als er wieder auf die Erde hinabsah. „Anstatt zu schimpfen, lächeln sie, und anstatt zu strafen, verschenken sie jetzt selbst gute Worte an andere. Wie man mit ein wenig Papier schon so viel Freude unter die Menschen bringen kann. Es muss eben nur das Richtige draufstehen."

Heute verkündigen die Engel
dir große Freude.
Du darfst darauf hoffen,
dass das Leben
noch mit einem Paket
guter Überraschungen
auf dich wartet.
Nimm ihr Geschenk an
und entwickle es für dich
hin zu gespannter Erwartung
und fröhlicher Neugier
für das kommende Jahr.